AF338677

COUP D'OEIL

D'UN PROVINCIAL

SUR LA RUE DE POITIERS.

Imprimerie SCHNEIDER, rue d'Erfurth, 1.

A LA PROVINCE!

COUP D'OEIL

D'UN PROVINCIAL

SUR LA RUE DE POITIERS

PRÉCÉDÉ D'UNE

PETITE REVUE RÉTROSPECTIVE

POUR JETER QUELQUE CLARTÉ DANS LES
PROCHAINES ÉLECTIONS.

PARIS

CHEZ CHAUMEROT, ÉDITEUR,

PALAIS-NATIONAL.

1849

UN MOT.

Les conseils que je viens donner ici à quelques-uns de mes concitoyens ne sont point écrits pour ceux que j'appellerai *les lettrés de la politique*; ils ne le sont pas davantage pour les hommes passionnés et à *parti pris*. Mes prétentions sont beaucoup plus restreintes ; je m'adresse tout simplement à ces hommes indécis et de bonne foi, à ces parias de la monarchie émancipés par la République, qui se demandent aujourd'hui, avant d'aller au scrutin, à quelles mains ils doivent confier les destinées de la France lors de la prochaine lutte électorale. C'est surtout à des hommes de cœur, à peu près étrangers aux grandes querelles des anciens royalistes, que je viens parler. J'ai vù de près le mal produit dans nos provinces par les enragés de la contre-révolution, je voudrais, dans la limite de mes forces, pouvoir y apporter quelques remèdes. C'est surtout par la province, en effet, que l'on croit pouvoir, dans les prochaines élections, porter les plus rudes coups à la République ; l'on n'ignore pas que les hommes qui souffrent, dans un certain milieu, ne se rendant pas bien compte de leurs souffrances, les attribuent très-volontiers à des causes étrangères qui leur sont indiquées avec adresse. Que l'on ne s'y trompe pas, toutefois, si l'on est parvenu momentanément à changer les rôles avec assez d'habileté pour faire croire dans nos campagnes que la République est la source des maux dont la monarchie et les royalistes doivent être seuls responsables, le triomphe sera de courte durée, car l'on rencontre déjà quelques hommes timides, effrayés du progrès *réactionnaire*, qui se proposent de rectifier leur vote du 10 décembre par une liste significative et de nature à dissiper les illusions que l'on pourrait avoir en haut lieu. C'est à ces hommes surtout et à leurs amis que je destine les renseignements qui suivent. Je me propose enfin d'édifier suffisamment, pour les faire aller au scrutin, quelques citoyens honnêtes, timides et découragés, qui manifestent hautement l'intention de *s'abstenir*, tant ils y voient peu clair aujourd'hui et redoutent l'influence de ceux qui croient déjà courir à pleines voiles vers la monarchie, sans craindre les écueils d'une révolution nouvelle dont ils ne *prévoient* pas toutes les conséquences.

Que tous ceux-là, abdiquant leurs illusions monarchiques, viennent bien franchement à la démocratie et à la République lors du prochain scrutin, ils auront noblement accompli leur devoir de citoyens, car ils auront arraché la patrie à la plus terrible des guerres civiles.

COUP D'OEIL

D'UN PROVINCIAL

SUR LA RUE DE POITIERS.

———

Émancipés de février, hommes du suffrage universel,

C'est à vous spécialement que j'adresse ce petit livre.

Je suis, comme vous, au nombre des nouveaux venus à la vie politique, mais j'ai de plus que vous, peut-être, l'avantage d'avoir passablement étudié et décomposé ce qu'on est convenu d'appeler les grands *partis*. A ce titre, je peux me croire autorisé à vous dire aussi mon petit mot, puisque tout le monde vous parle.

Le temps nous presse, je veux être bref pour aujourd'hui; plus tard, si vous me goûtez, je tâcherai de vous en dire davantage.

1.

Quoi qu'il arrive, vous pouvez croire que je
serai toujours très-exact et consciencieux, prêt
à subir toutes les attaques et à répondre à toutes les injures, triste perspective des hommes
de cœur qui veulent marcher droit à leur but
sans tenir compte des passions et des amours-
propres froissés.

D'ici aux élections, tant d'hommes vont essayer de se présenter à vous sous un faux jour
et de fausses couleurs, qu'il me faut bien, par
cela seul que vous voulez avec moi le bonheur
de notre chère patrie, faire en sorte, sinon de
vous éclairer complétement, au moins de vous
y faire voir assez pour ne pas croire *bleus*
ceux qui seront *blancs*, *rouges* ceux qui seront
bleus, puisse ma bonne volonté avoir pour résultat de vous éclairer même un peu sur les
nuances.

On a trop procédé par la *calomnie* depuis
une année pour que je veuille imiter cet exemple.

Si Beaumarchais fait dire avec vérité, dans
Figaro « que de la calomnie il reste toujours
quelque chose, » vous savez aussi le proverbe :

‒ 14 ‒

« Tant va la cruche à l'eau qu'à la fin elle se brise. »

Procédons donc plus loyalement que certaines gens, nous autres hommes de cœur.

Ne faisons pas à nos adversaires politiques l'injure de les assimiler à des voleurs de grand chemin ayant enlevé les *diamants de la couronne* ou de les prendre pour des *dégustateurs de vins ministériels ou monarchiques*, quoique ce soit déjà moins grave ; chassons les souvenirs des *mines de Gounehans* et des *priviléges de théâtre* ; disons aux calomniateurs que parce qu'ils ont une paille dans l'œil, il ne leur faut pas nécessairement chercher à voir une poutre dans celui de leur ennemi.

Voyons, MM. les monarchiens, leur dirons-nous ensemble : « un peu de pudeur ! les plus « grands succès n'autorisent pas votre conduite « actuelle, et vous devenez ridicules sinon stu- « pides, quand vous faites répandre dans nos « malheureuses campagnes ce bruit absurde, « par exemple, que notre *Dupont de l'Eure* « aussi a profité de sa présence au gouverne- « ment provisoire pour faire enlever plusieurs

« caisses d'or avec lesquelles il aurait acheté,
« dit-on, au prix de 7 ou 800,000 francs une
« propriété près de Rouge-Perriers (on a soin
« d'indiquer le nom). »

« Ne dites plus désormais de choses sembla-
« bles, cela offre trop d'inconvénients. D'abord,
« vous empêcheriez de croire à la probité poli-
« tique dans nos malheureuses campagnes, en-
« suite vous feriez admettre difficilement que
« tous les républicains ont été élevés ensemble
« dans la forêt de Bondy, puis enfin, vous paraî-
« triez vouloir engager une lutte à mort avec
« des hommes qui n'ont vraiment pas soif de
« votre sang. »

Mais revenons à notre sujet, il y a des choses auxquelles il ne faut pas s'arrêter trop longtemps.

Je vous ai dit que j'avais la prétention de
vous y faire voir un peu clair *rue de Poitiers*.
D'abord, parce que c'est un devoir pour les
bons citoyens de ne rien cacher, en politique, à
leurs amis, ensuite parce que pas mal d'entre
vous m'ont déjà demandé :

« Que veut-on dire par cette fameuse *rue de Poitiers ?* »

Il me faut, avec vous qui avez peu lu les journaux, à une certaine époque, procéder par ordre et avec méthode ; jespère vous faire voir successivement et bien vite, que sans jamais calomnier personne, je peux jeter au milieu de la *réunion* dont il s'agit assez de clarté pour vous la faire paraître sinon détestable, au moins *très-suspecte.*

Avant d'entreprendre l'analyse que je veux vous soumettre, il y a certains petits détails que vous n'avez jamais connus probablement, à cause de votre éloignement de la scène politique avant Février, et auxquéls il me faut absolument vous initier.

Commençons par là :

Savez-vous d'abord quelles bigarrures politiques nous avait fournies le fameux régime tombé en février ? C'est assez important à vous signaler pour que vous puissiez bien comprendre la position actuelle de certains personnages politiques.

D'abord, vous eussiez cru, vous autres, en 1830, si l'on vous eût alors consultés, que c'était déjà beaucoup trop pour une nation d'avoir dans son sein trois partis plus ou moins forts, connus sous le nom de *républicains*, de *légitimistes* et de *bonapartistes* ; c'eût été une grave erreur, mes amis, et c'est sans doute pour vous la faire mieux comprendre que l'on imagina, à cette époque, une dynastie *cadette*, dite d'*Orléans*, au profit d'un cousin à je ne sais plus quel degré du vieux roi que les libéraux de Juillet venaient d'envoyer à Cherbourg. Ce nouveau monarque sera père de nombreux enfants, d'où cette con-séquence, s'est-on dit peut-être, que, selon la spécialité de chacun ou d'après les petites ma-nières de ces divers rejetons, notre naïve popu-lation, notre *Jacques Bonhomme*, beaucoup trop empressé de croire à la nécessité des *princes*, ira donner sur un *récit de courtisan* ou après la lecture d'une *feuille de cour*, tantôt la préférence à Joinville, tantôt à Nemours, tantôt à la du-chesse d'Orléans ; les courtisans ne tiendront même pas compte, le jour du départ du vieux roi des barricades, de la prétendue loi de succession, votée tout exprès par une chambre de délégués des censitaires.

Voyez déjà le bel avantage : on en aura pour tous les goûts ! de sorte qu'au moment où votre serviteur vous parle, nous aurons, selon les intérêts de famille ou les habitudes et relations du passé, non-seulement des *monarchiens* qui voudront l'Empire avec un neveu de Bonaparte ; non-seulement des *légitimistes* voulant *Henri V*, mais encore des monarchiens *orléanistes* voulant, les uns la régence avec la *duchesse d'Orléans*, d'autres *Joinville*, d'autres *Nemours*, etc. Je vous ferai voir successivement ce que ces prétentions diverses peuvent avoir de commun avec la *rue de Poitiers*.

Au milieu de ce tohu-bohu monarchique, avec une telle variété dans la *gent* princière, vous avez une foule de gens qui, pour un oui ou pour un non, prennent parti pour *Pierre* ou pour *Paul*, sans trop savoir pourquoi. Je vous le dirai un peu plus tard ; n'anticipons pas.

Croyez-vous maintenant, mes amis, que nos *chers princes* professent l'un pour l'autre une grande estime, et qu'ils procèdent loyalement entre eux? Pour vous édifier à cet égard, permettez-moi de vous exposer leur conduite.

La révolution de 89 semblait avoir non-seulement fait disparaître un régime monarchique que nul d'entre vous ne regrette, j'en suis convaincu; mais cette même révolution semblait avoir aussi fait disparaître à jamais une dynastie qui avait trop longtemps, et dans son unique intérêt, bu les sueurs du peuple et sucé le sang de notre pauvre France. La suite pourtant, les Cosaques aidant, nous a montré le contraire.

Mais un soldat heureux, vaste génie que la France républicaine et révolutionnaire aura nourri, ébloui par la gloire et débordé par l'orgueil, viendra, lui aussi, non content d'une dictature à son profit, assassiner sa mère, et décréter avec son sabre l'hérédité du pouvoir dans sa famille.

Soyez tranquilles : dès ce moment, le génie de la révolution étant étouffé, le pacte infernal de Coblentz se réalisera : les *Bourbons* rentreront en France, car la lutte ne sera plus engagée entre la république et la monarchie, mais entre deux dynasties rivales, celle du *Buonaparte usurpateur* (comme on l'appelait) et la famille des *Capets* ; on saura d'ailleurs très-bien que les maréchaux du palais ne sont plus des généraux républicains ; on en profitera.

Il n'est pas un de vous, mes amis, qu'il l'ait appris de son père ou qu'il en ait été témoin, qui ne sache quelle haine profonde existait, après Waterloo, entre les bonapartistes ou *brigands de la Loire*, et les *Bourbons* alliés de l'étranger :

Quand la France ayant reconnu, comme l'avait dit le proscrit de Sainte-Hélène, non-seulement que les *blancs* étaient toujours les *blancs*, mais que leurs projets étaient beaucoup moins blancs que leurs personnes, et qu'elle se décida à leur faire prendre la route de Cherbourg, il se trouva là un grand *madré*, un raffiné de l'espèce, que nos fantaisistes ont appelé le *Napoléon de la paix*, auquel nos hommes de 1830, habiles en pareille circonstance, jugèrent à propos de confier le dépôt des libertés publiques issues des barricades de juillet.

Ne vous imaginez pas, parce qu'on a appelé Louis-Philippe *le roi des barricades*, que ce monarque habile eût pris une part quelconque à leur construction ; non : son principal titre aux yeux de ceux qui nous en firent un roi était une opposition sournoise au gouvernement de ses cousins ; il s'était placé adroitement parmi ceux qu'on appelait les *libéraux* sous la Restauration, et vous verrez plus loin ce qui composait le parti libéral.

Mais, en royauté, on ne prend pas la place de son cousin pour faire exactement la même chose que celui-ci ; il faut se créer une cour, un noyau, faire le *nid de sa dynastie* ; on se fait alors *bourgeois* pour plaire à tout le monde ; on sait que certains mots résonnent assez agréablement aux oreilles des masses : on chante la *Marseillaise*, et l'on veut un trône entouré d'*institutions ré-publicaines*. A côté de quelques hommes de bonne foi qui abandonneront bientôt la création de 1830 parce qu'ils reconnaîtront leur erreur, l'on ne manquera pas d'adorateurs du régime nouveau, on aura les gens *de la maison* ; vous aurez d'abord un tout petit homme élevé dans les salons de M. Laffitte, qui cause en tout et sur tout comme une *pie borgne*, mais presque tou jours agréablement ; vous aurez aussi l'écrivain du *Moniteur de Gand*, devenu *libéral* pendant les dernières années de la Restauration ; vous aurez aussi Casimir Périer ; il n'est pas jusqu'à Odilon Barrot, le volontaire royal de 1815, l'homme aux instincts honnêtes, peut-être, mais aux conceptions creuses, sur lequel on comptera pour les jours de crise ; j'en passe, et des meilleurs. — Toutes ces individualités s'entrechoqueront, se chicaneront sur les détails, mais qu'importe ! le *maître*, qui tient la ficelle, sait très-bien qu'ils resteront toujours les *valets de la maison*, parce qu'en politique la foi leur manque comme l'instinct des grandes choses ; il n'ignore pas que leurs guerres intestines, leurs querelles de portefeuille, en détournant l'attention des masses, offriront à sa dynastie une chance de durée.

Voyez comme il les avait bien jugés, ces bâtards monarchiques ! Au moment où la République a mis fin à leurs querelles de ménage, dix-huit ans après la révolution de juillet, ils n'avaient pas encore pu s'entendre sur les conditions de la royauté dont ils étaient les adorateurs; ils avaient une *idole* dont ils ne connaissaient pas même la nature et les attributs! Suivant les uns, dans ce qu'ils appelaient la *monarchie constitutionnelle* (belle monarchie, ma foi!), le roi devait *gouverner* et *régner* (ce sont MM. Molé et Guizot); suivant les autres (MM. Thiers et Barrot), il devait *régner sans gouverner*. Misérables arguties! Vainement vous leur eussiez dit, avec votre bon sens : « Si, d'a-« près vous, messieurs Molé et Guizot, un roi, « qu'il s'appelle *Napoléon*, Charles X ou Louis-« Philippe, doit *gouverner*, on peut alors le « chasser, lui et ses ministres, quand ils ne « gouvernent pas bien; c'est la révolution en « permanence. »

Oh! oh! se seraient-ils récriés, c'est là un langage beaucoup trop révolutionnaire; un roi, c'est inviolable, on n'y touche pas. Puis ils auraient trouvé le moyen de vous étourdir avec leur beau et creux langage, sur ce que c'est que *gouverner*; pour ces hommes-là, par exemple, c'était paraître suivre la volonté de la majorité d'une chambre satisfaite et corrompue envoyée par des électeurs à **200** francs.

Vainement, d'un autre côté, votre bon sens se fût aussi soulevé devant MM. Thiers et Barrot pour leur objecter :

Mais à quoi bon un roi qui ne gouverne pas ! Si c'est un homme capable, il se moquera de votre royauté, ou bien, s'il l'accepte, ce sera pour vous jouer de vilains tours à l'aide de la liste civile de 15 ou 20 millions que lui fournissent les contribuables. Si votre roi est absolument réduit au rôle de mannequin, pourquoi ne pas mettre une paille à sa place ? On éviterait au moins de donner une liste civile et d'avoir une *cour* et des *courtisans*, mauvaise engeance, caressant les princes, et abrutissant les peuples en les amusant.

MM. Thiers et Barrot ne vous auraient guère répondu, mes amis, ou plutôt ils auraient été capables de vous dire sans rire que le tout est indispensable à cause *du luxe*.

Suivant la position de nos habiles, les uns feront la cour à quelques légitimistes ébranlés dans leur fidélité ; les autres caresseront les républicains pour avoir leur concours dans les luttes parlementaires. Nos grands politiques ne

s'entendront que sur une chose, ils repousse
ront ensemble le *suffrage universel* auquel il
viennent aujourd'hui, sans pudeur, mendie
leur existence *d'hommes d'État*. Comme il
savent bien que nos malheureuses campagne
ne les connaissent pas!

J'ai oublié de vous dire (tant j'étais pressé d
vous faire voir la grande création de 1830,
vous nouveaux venus) que nos *cadets* de mo
narchie n'avaient rien négligé, en fait de petit
moyens, pour réussir à se prolonger et se fair
accepter. Ils savaient que la fine fleur aristo
cratique, quelques hommes à vieux parche
min, les indemnisés du milliard, par exemple,
leur gardaient une secrète rancune, et ne vou
laient pas se commettre avec les *bourgeois*; il
parurent faire bon accueil à ceux qui viendraien
se rallier, et guerroyer contre ceux qui reste-
raient fidèles à l'ancien culte, jusqu'au moment où ils auraient occasion de se réunir,
comme aujourd'hui, contre l'*ennemi commun*,
la République.

Écoutez : Louis-Philippe attaquera l'honneur
de sa cousine, la duchesse de Berry, et s'inscrira

en faux contre la naissance légitime du duc de Bordeaux ; plus tard , apprenant que cette princesse est en France. que M. Berryer est admis près d'elle ; l'un des valets de la maison de M. Thiers achètera d'un traître le secret de sa retraite, et un officier français qui veut devenir maréchal de France se fera le geôlier de *Blaye,* l'accoucheur d'une femme captive.

Voilà pourtant des *éléments* confondus aujourd'hui *rue de Poitiers !* mais n'allons pas trop vite.

Comme il me faut ne pas vous fatiguer l'esprit par de trop longs détails, constatons seulement, après vous avoir montré que nos *monarchiens* étaient loin de s'entendre sur les conditions de leur monarchie, qu'il a existé et qu'il doit exister encore entre eux, s'ils ont un peu de cœur, des ferments de haine et de jalousie qui, oubliés perfidement, alors qu'il s'agit de conspirer la ruine de la République, se feraient jour bien vite quand il faudrait se partager le pouvoir et la France redevenue momentanément le gâteau des rois.

On aura beau vous présenter l'alliance *carlo-*

orléano-bonapartiste comme acceptée, et formant le grand *parti de l'ordre*, vous ne pourrez jamais admettre que les légitimistes (toujours blancs) puissent faire alliance, sans rougir un peu, d'abord avec les orléanistes qui, après avoir conspué, avili la mère et l'enfant dans la duchesse de Berri et le boiteux de Frohsdorf, les ont *flétris* dans la personne de MM. Berryer, Larochejacquelein et autres pèlerins de Belgrave-Square, pas plus qu'avec les bonapartistes qu'ils ont fait fusiller en 1815 dans la personne du maréchal Ney.

Vous ne pourrez comprendre non plus, sans que tous vos instincts honnêtes se révoltent, qu'un président de République, neveu de la grande victime de *Sainte-Hélène*, vienne, à la face du ciel et de la France, mendier quelques années d'autorité aux bourreaux de son oncle, et tout aussi oublieux de 1815 que des suites des tentatives de Boulogne et de Strasbourg, recruter son conseil de ministres dans toutes les nuances royalistes, à l'exclusion des républicains seulement.

Oui, vous vous direz, vous qui êtes véritablement *honnêtes* et consciencieux sans vous en vanter : « Il y a dans l'alliance dont nous sommes témoins, quelque chose de lâche et de coupable qui présage à la patrie des jours de deuil et de malheurs, » et vous réfléchirez.

Vous réfléchirez surtout, parce que la République vous a remis entre les mains l'arme avec laquelle on évite les révolutions et l'on détruit certaines coalitions.

Mais j'ai hâte d'en venir à la *rue de Poitiers* proprement dite ; encore quelques mots, et j'y suis.

Je ne veux pas, vraiment, essayer de vous mettre au courant de certaines querelles de ménage auxquelles vous êtes restés étrangers, vous les parias politiques du dernier règne ; vous en savez déjà assez sans que je vous rappelle les *injures* que s'adressaient, sans doute pour nous jeter de la poudre aux yeux, tantôt MM. Guizot et Molé, tantôt MM. Thiers et Guizot, tantôt encore MM. Molé et Barrot, tantôt enfin MM. Thiers, Molé, Guizot et Berryer ; nous étions alors, nous autres, simples spectateurs et nos amis étaient poursuivis ou caressés selon le moment ou le besoin de ces messieurs.

Quelques-uns d'entre vous se souviennent peut-être que certains puritains dynastiques, trop altérés sans doute à l'endroit du porte-feuille de ministre après lequel ils soupiraient en vain depuis 1840, prirent la résolution en 1847, au grand scandale de ceux qu'on appelait *conservateurs-bornés*, de se réunir à quelques républicains pour commencer une série de banquets patriotiques, dans lesquels on demandait, entre autres choses, une *réforme* électorale et parlementaire, sans s'entendre toutefois sur les conditions et l'étendue de cette réforme que les républicains voulaient faire aller jusqu'au *suffrage universel*, et nos dynastiques Barrot, Duvergier de Hauranne et autres beaucoup moins loin.(Il ne s'agissait, en effet, pour ces derniers, suivant leurs larges conceptions habituelles, que d'adjoindre 100 ou 150 mille électeurs aux 200 mille existant déjà.)

Cette résolution de nos *bons* monarchiens fut prise surtout à cause du résultat des élections de 1846, qui nous avaient gratifiés d'une chambre plus *guizotine* encore que la chambre des *pritchardistes*, beaucoup plus morale, et pour le moins aussi accommodante, puisqu'elle se montra *satisfaite* sur la proposition d'un M. de Morny, que vous rencontrerez tantôt *rue de Poitiers*, et auquel je vous enverrai demander les causes de sa satisfaction d'alors.

Il serait peut-être bon, toutefois, de vous faire remarquer que les alliés du jour, les grands docteurs de la République *honnête* et *modérée*, ne se montraient pas tous aussi *satisfaits* qu'ils le sont maintenant de se retrouver ensemble; mais passons.

Quoi qu'il en fût, les banquets devaient avoir une issue fatale pour la dynastie; car M. Odilon-Barrot lui-même avait oublié de boire à sa santé (il est vrai de dire qu'il donna bientôt des explications).

Cependant MM. Guizot et Duchâtel, qui n'entendaient pas raillerie sur le chapitre de leur politique et des *réformes*, voyant le retentissement dangereux des banquets et l'effet qu'ils produisaient sur les populations, résolurent d'y mettre un terme; malheureusement il était trop tard, et nos dynastiques eux-mêmes en furent réduits à braver leur maître pour sauvegarder, disaient-ils, le *droit de réunion* qu'ils attaquent maintenant par tous les moyens.

On voulait donner à Paris, le 22 février, un *banquet monstre* dans lequel se trouveraient réunis dynastiques et républicains, et auquel on convierait la population, *garde nationale, écoles,* etc.; cette bravade révolutionnaire ayant pris sur les nerfs de M. Guizot et consorts, on réunit 80,000 soldats, et l'on se dit : *Nous les verrons venir.* Le tout étant bien préparé, on afficha la loi sur les rassemblements, avec injonction à la population de ne pas passer outre.

M. Barrot (qui n'avait jamais eu foi dans les masses) et quelques trembleurs comme lui, commençant à voir l'orage gronder, recommandèrent à leurs amis de s'abstenir et de céder aux injonctions de la police, sauf à faire vider la querelle un peu plus tard par les tribunaux.

Mais nos Parisiens ne sont pas toujours commodes lorsqu'il s'agit d'une question de liberté; voyant quelques républicains, quelques hommes de cœur décidés à donner suite aux banquets, les voilà qui s'avisent de vouloir aller se promener par groupes du côté des Champs-Élysées; le défi de la monarchie étant relevé, dès ce moment la lutte devait commencer, elle commença.

On avait M. Bugeaud sous la main, on avait le fils aîné de la maison, M. Nemours, et autres, on leur distribua le commandement, puis : Vive la guerre !

Il arrive à certaines gens de compter trop souvent sans leur hôte, c'est presque toujours à leur désavantage.

Notre armée, sur laquelle on comptait beaucoup, eut assez de patriotisme et de lumières, comme il lui arrivera toujours dans les circonstances solennelles, pour ne pas obéir aveuglément aux ordres de la royauté, de sorte que la lutte ne s'engagea guère qu'entre la garde municipale, corps dévoué, et le peuple de Paris.

Les demi-concessions ne sont guère de saison en pareille occurrence; parole de roi, d'ailleurs, ne valut jamais rien; aussi, à la grande surprise de tous, après quelques heures de combat, ne vit-on pas sans quelque étonnement demander la proclamation de la *République*.

Cela vous surprit, vous autres ! ma foi, j'avoue que cela me surprit aussi, je n'y comptais pas pour sitôt; seulement vous fûtes effrayés et je ne le fus pas, au contraire.

Vous fûtes un peu effrayés, parce que nos braves royalistes de toutes les couleurs n'avaient cessé de vous dire :

République signifie : guerre, sang, terreur, massacres; les bonnes femmes confirmaient la chose par leurs souvenirs de 95; de sorte que ce n'était pas très-rassurant, malgré la connaissance personnelle que vous aviez de quelques républicains vous paraissant peu dignes de la réputation de férocité qu'on leur faisait.

La lutte avait cessé dans la rue; vous croyez qu'on va s'occuper de la *vengeance !* non. Quelques citoyens accepteront le fardeau des affaires publiques pendant plusieurs semaines, et on laissera partir la royauté et ses ministres sans s'en occuper davantage.

Maintenant, mes bons amis, mettez un peu la main sur votre conscience et vous me direz si je suis vrai dans le petit récit que je vais vous faire pour vous rappeler très-succincte-ment les événements qui se sont succédé de-puis le 24 février, avec la marche des partis et de l'opinion publique depuis ce temps.

Dans une société telle que nous l'ont faite les gouvernements tombés successivement depuis soixante ans, la République, malgré les petites manières de MM. les *monarchiens*, ne pouvait être acceptée par tout le monde. L'idée démo-cratique porte en soi un germe égalitaire et la perspective de trop graves réformes pour que le gouvernement républicain, qui seul peut la représenter, ne froisse pas dans certaines ré-gions sociales, sinon les instincts aristocrati-ques, au moins certaines habitudes et des inté-rêts de position, de famille.

La première conséquence de cet état de choses, dans notre révolution, la voici :

Tandis que le peuple de Paris, tout entier à

son triomphe dans les premiers jours, voulant en faire ressortir toute la pureté, fusillera les voleurs et enverra ses plus courageux enfants à la poursuite de quelques incendiaires, alors que le gouvernement provisoire, son organe, décrétant l'abolition de la peine de mort en matière politique, rassurera nos campagnes et déclarera en même temps accepter les engagements financiers, au nom de l'honneur national, d'un gouvernement pillard, nos princes du capital et de l'agio, feignant pour la plupart une frayeur qu'ils n'ont pas, courront chez leurs banquiers réclamer de ceux-ci leurs espèces, et précipiter ainsi, en la rendant plus terrible, une crise commerciale, inévitable d'ailleurs, quoi qu'il fût arrivé, même sous la monarchie.

Oh ! comme ils savent bien, ces habiles royalistes, que l'épreuve à laquelle ils soumettent alors la République est son plus dangereux écueil ; on dirait qu'ils connaissent déjà l'énergie révolutionnaire et le génie financier de M. Garnier-Pagès !

Voyez plutôt : l'argent manque de toutes parts, les caisses de l'Etat sont vides, les créanciers de la monarchie arrivent de tous côtés, le travail manque partout, l'industrie est aux abois ; il faut, à peine de désorganiser tous les services publics, créer des *ressources extraordinaires* : que fait-on ?

Ecoutez : on a déjà répandu à dessein dans nos campagnes que le cours forcé donné aux billets de la banque de France vaut une création d'*assignats*, on ne peut, sans danger, tenter une émission de nouveaux billets ; eh bien, nos hommes du gouvernement provisoire, avec d'excellentes intentions, vont aller se prendre aux piéges de la monarchie.

Les voilà qu'ils décrètent les 45 centimes ? Ne croyant pas qu'il leur appartînt de faire porter le sacrifice spécialement sur les *riches*, ils décident que les contribuables devront s'exécuter ; ce n'était, certes, pas là une mesure très-révolutionnaire vis-à-vis de certaines gens ; on recommanda toutefois d'épargner les plus nécessiteux, (ce qui, par parenthèse, n'a pas eu lieu dans beaucoup d'endroits, grâce à l'esprit de ceux qui faisaient la répartition).

Je croyais, moi, jugez de mes illusions, que

2

nos grosses têtes de la monarchie, très-heureux d'en être quittes à si bon marché, payeraient de bonne grâce ; quel n'a pas dû être mon étonnement, lorsqu'en allant causer avec vous et plusieurs percepteurs de mes amis, j'ai appris non-seulement que beaucoup de nos monarchiens de diverse nature, nos petits noblets, menaçaient de se faire *vendre et saisir*, mais encore qu'ils vous engagaient à refuser l'impôt et vous présentaient, eu égard à la circonstance, la République comme un gouvernement ne devant vous créer que de nouvelles *charges*, le moyen était assez adroit, il a eu du succès.

Ce n'est pas tout, il fallait aussi *couler bas* les républicains ; soyez tranquilles, on y travaillera ; suivez la progression :

A propos de circulaires plus ou moins connues, émanées du ministère de l'intérieur, et que je relisais ces jours derniers pour en bien comprendre la portée, voilà qu'on vous présente Ledru-Rollin, présumé leur auteur, comme un farouche de la pire espèce, ayant soif de sang et d'or, allant s'asseoir sur les fauteuils de Louis XIV et faire des orgies dans les châ-

teaux royaux de Versailles, pendant qu'en réalité le ministre n'était pas sorti du ministère de
l'intérieur. La calomnie avait cependant réussi
à ce point que de malheureux vieillards, des
paysans du département de l'Eure, me demandaient, lors des élections, avant d'aller au
scrutin : « Est-il bien vrai que Ledru-Rollin a
le projet de faire mourir toutes les personnes
de plus de 60 ans pour procurer aux autres le
moyen de vivre plus aisément. » On comprend
ce que la question avait d'importance pour les
électeurs d'un certain âge.

On feignait alors pas mal d'enthousiasme
pour quelques membres du gouvernement provisoire. Lamartine était au nombre de ceux-ci ;
mais, soyez tranquille, on a trouvé une *bête
noire*, on s'en servira pour faire tomber ceux
qu'on n'a pas encore osé attaquer ouvertement,
suivez bien :

Les élections furent meilleures, c'est à-dire
plus démocratiques qu'on n'avait osé l'espérer ;
il en résulta que l'Assemblée vraiment républicaine dans ses premiers jours, appelée à choisir les membres du pouvoir exécutif, p'aça, sur

la demande de Lamartine même, comme devant représenter la minorité républicaine la plus ardente, le nom de Ledru-Rollin à côté de celui de MM. Arago, Marie, Garnier-Pagès et Lamartine.

Il n'en fallut pas davantage à nos monarchiens pour attaquer avec succès l'élu de dix departements, et Dieu sait par quelles infâmes raisons on chercha à faire comprendre dans nos malheureuses campagnes les causes rapprochant deux hommes qui, politiquement, semblaient ne pas s'entendre entièrement.

Les journaux de la monarchie brodèrent et mentirent à qui mieux mieux sur de prétendus dissentiments éclatant sans cesse au sein de la commission des cinq, entre Ledru-Rollin et Lamatine d'un côté et MM. Marie, Arago et Garnier-Pagès de l'autre ; voyez l'habileté. On sait que les calomnies sur le compte de Ledru-Rollin ont eu beaucoup de succès; on a soin d'accoler désormais le nom de Lamartine au nom de celui-ci. Emile de Girardin se mêle de la partie, et l'on sait quel poison peut administrer cette vipère-là !

La malheureuse et fatale démonstration du 15

—ai vient mettre le comble à la joie de nos royalistes ; quelques insensés semblent tout exprès venir en aide à la réaction, la représentation nationale a été effrayée ; ils voient dans cet effroi le germe d'un succès plus ou moins prochain. Ils flattent encore l'Assemblée, il est vrai, mais ils s'écrient en même temps : « Voyez l'anarchie, elle est en permanence en face des représentants, c'est bien là cette République! » Ils savent que la crise continue, que les masses souffrent et se découragent, ils ont appris l'effet complet des 45 centimes dans les campagnes, ils préparent leurs batteries. Des catégories de citoyens ont été créées ; on a les républicains de la *veille* et ceux du lendemain ; beaucoup des premiers, dit-on aux cultivateurs, aux petits propriétaires et aux petits marchands, sont des *communistes* ou des *partageux*, ils ont une armée de 100,000 hommes dans les ateliers nationaux.

Voyez le premier avantage de nos tacticiens royalistes. Quelques réélections doivent avoir lieu, par suite de l'option des représentants élus dans plusieurs départements ; le nom de La-

martine sera déjà bien loin ; on aura sous la
main certains hommes repoussés dans leur
propre pays, tant ils inspirent peu de confiance,
M. Thiers est de ce nombre ; le département
de la Seine-Inférieure l'enverra à l'Assemblée
pour être l'un des chefs de file de la *rue de
Poitiers*; bien mieux il aura l'honneur d'une
quadruple ou quintuple élection ; et il n'est pas
jusqu'à M. Charles Dupin, l'ancien pair conservateur, que l'on enverra, escorté de M. Achille
Fould, l'*honnête* banquier que vous connaissez
maintenant par ses bons conseils au gouvernement provisoire.

Un tel résultat, il faut l'avouer, pouvait bien
être un peu de nature à précipiter les convic-
tions ardentes qui ne raisonnent pas, vers les
moyens extrêmes ; le capital, d'ailleurs, est toujours absent, les affaires restent à peu près
nulles, les travailleurs meurent de faim ; quelques royalistes semblent rechercher une lutte
prochaine, elle viendra ; j'en ai vu dans la soi-
rée du 15 mai, au milieu de l'émotion générale,
parcourir les rues de Paris, flanqués de deux
hommes en blouse, se disant anciens libéraux

de 1828, et proclamant insidieusement dans les groupes qu'on aurait bien eu le droit ce jour-là de chasser l'Assemblée nationale si elle ne répondait pas *aux vœux* de la nation; l'on semble reconnaître déjà que quelques jours plus tard la queue de tous les partis, grossie par le contingent de la misère, viendra construire les barricades des terribles et trop fatales journées de juin. J'ai conservé de ces funestes jours trop d'émotions poignantes pour vouloir vous en dire un mot aujourd'hui; Dieu veuille seulement préserver pour l'avenir notre chère patrie de luttes aussi sanglantes!

La commission exécutive tombée, l'insurrection vaincue, vous vous rappelez les éloges dont on semblait accabler le général vainqueur; il n'est pas jusqu'aux journaux les plus blancs, voulant proclamer *Cavaignac* sauveur de la patrie. Dernière tactique de nos monarchiens, avec les noms propres! Ces gens-là ne vous caressent d'abord que pour mieux vous mordre ensuite; c'est en vain que le général républicain appellera dans ses conseils d'anciens favoris de la monarchie, des plus honnêtes,

MM. Dufaure et Vivien ; il est entaché du péché originel ; ils l'écraseront aussi avec leurs armes habituelles ; ils souilleront la mémoire du père pour tuer plus facilement le fils ; et quand, après le vote de la Constitution, qu'ils auront fait mine d'accepter, bien qu'elle ne leur plaise pas, il s'agira de nommer un président, faisant voir chacun un petit coin de leur drapeau, semblant abjurer momentanément leurs vieilles haines, ils iront prendre parmi d'anciens constables anglais le héros de Strasbourg et de Boulogne, celui que vous aurez appelé à l'Assemblée, comme représentant, pour leur faire un levier monarchique en attendant mieux.

A ce moment ils vous connaissaient mieux que moi, je l'avoue ; car, si j'hésitais à croire qu'un Bonaparte se remît en de pareilles mains, je croyais encore plus difficilement que vous fussiez assez débonnaires pour élever à la première magistrature de la République un homme n'ayant pour recommandation que son *nom*, avec la qualité de *neveu* de son *oncle*.

Toujours est-il qu'au 10 décembre la rue de Poitiers a remporté sa plus décisive victoire ;

non-seulement les campagnes ont voté d'enthousiasme sans trop savoir pourquoi (sans
doute pour protester contre Waterloo et les
hontes de 1815), mais aussi les adorateurs de
Henri V, l'enfant du miracle, les dynastiques
de 1830, conservateurs ou non, espérant en la
résurrection des *d'Orléans*, ont voté de la même
manière ; il n'est pas jusqu'aux *socialistes*, avec
lesquels on veut vous effrayer aujourd'hui, ayant
aussi fourni leur contingent.

Vous avez, il est vrai, pour la plupart, vous
autres, voté de bonne foi au *dix décembre ;* à
moins que ce soit aussi un peu en haine de la
crise dont vous souffriez ; vous êtes neufs à la
vie politique et vous êtes facilement trompés ;
on vous a tant répété que la République causait
votre malaise, que vous avez cru devoir, peut-
être, vous en prendre à elle, et ne plus écouter
les conseils de ses amis.

Savez-vous comment les habiles de la *rue
de Poitiers* ont interprété votre vote, votre fiè-
vre de ce jour-là ? Ils vous ont fait dire par
la voix du scrutin que Louis Bonaparte ne devait plus désormais marcher qu'entouré par de

2.

prétendus *amis de l'ordre*, pris dans le camp des légitimistes et dans celui des dynastiques de juillet. On a créé des *bonapartistes* pour le besoin du moment, puis on a impitoyablement destitué ou renvoyé sans motifs, qu'ils fussent aimés ou non, presque tous les fonctionnaires républicains, et tout cela au nom de la *République*, ce qu'il y a de plus curieux.

Croyez-vous qu'on se soit arrêté là? détrompez-vous : il reste encore à nos *monarchiens* un petit obstacle qu'ils sauront détruire ; ils ont, en un mot, les auteurs de la *Constitution* jurée par Bonaparte, l'*Assemblée nationale*, qui peut les gêner dans leur marche et leurs projets liberticides ; ils vont la forcer à se suicider. Savez-vous comment ils procèdent? Ils viennent, au nom de 250,000 prétendus électeurs, sur plus de 8,000,000, dire à l'Assemblée : « Vous n'avez « plus la confiance du pays ; allez-vous-en. » Or, savez-vous comment l'on a obtenu la plupart des signatures avec lesquelles le ministère lui-même est venu faire une insolente sommation à la représentation nationale? L'on a parcouru les campagnes : il est des électeurs que l'on a fait signer jusqu'à quatre fois, sans savoir ce qu'ils faisaient ; je connais telle commune où l'on faisait porter la pétition par une jeune fille de quinze ans ; une autre où tous les écoliers signaient l'exemplaire que l'instituteur avait remis entre leurs mains, de sorte que certain journal de province arrivait ainsi à constater onze mille signatures pour tel arrondissement n'ayant pas, certes, 6,000 électeurs sachant signer.

Non content de ce petit moyen, on va parler sans cesse des 25 fr. qui sont, dit-on, le mobile de nos représentants, et l'on va réussir, à ce point que tel électeur lettré va soutenir mordicus contre votre serviteur, sans vouloir se donner la peine de compter, que c'est pour le pays une dépense de plus de quinze millions par an.

C'est à peine, en un mot, tant ils vous ont égarés, si l'on pourra vous faire comprendre qu'une fois les 25 fr. payés à ceux que vous jugez dignes de vous faire des lois, vous avez encore 9 ou dix millions d'économie sur ce qu'il plaisait aux *monarchiens* de donner à la famille de *Louis-Philippe*. Cela vous surprend, n'est-ce pas ?

Pour vous faire détester davantage l'Assemblée, on avait d'abord voulu l'empêcher de vous réduire l'*impôt du sel* et la taxe des *lettres*; aujourd'hui qu'elle vous a créé un petit avantage de ce côté, voilà qu'on la fait insulter, en compagnie de sa Constitution, sur les planches de théâtre, par de mauvais écrivains, *paillasses* de monarchie.

Ce n'est pas tout encore : ouvrez un peu les yeux, et vous verrez le gouvernement de votre président créant des fantômes d'émeute, pour se donner un air de vainqueur, après s'être battu contre des moulins à vent. M. Faucher vient exposer au pays qu'il faut traquer les républicains, les *socialistes*, parce qu'on crie dans les provinces : *Vive la guillotine!* Avez-vous entendu, vous autres, de pareils cris, et d'ailleurs le souffririez-vous? Ne voyez-vous pas qu'on veut aujourd'hui vous effrayer avec les *socialistes* comme on avait voulu le faire sous la monarchie avec les républicains? Ouvrez les yeux, donc, et faites justice une bonne fois de cette lâche tactique; l'urne du scrutin vous en fournit le moyen.

Il y a mieux : on sait que certaines questions vous sont peu familières : l'on croit toujours pouvoir vous éga⟨r⟩er facilement ; savez-vous ce qu'on fait pour gagner les bonnes grâces du clergé et des frères de la doctrine chrétienne ? M. Barrot, le protestant, d'accord avec M. Falloux, de Saint-Acheul, va faire baiser la mule du pape à nos soldats, sous prétexte que la religion est en péril.

Il en résulte que notre armée, qui désirait depuis longtemps aller faire la guerre contre l'Autrichien au profit des Italiens, s'en va précisément faire la guerre aux Italiens au profit de l'Autrichien. Est-ce bien tout cela que vous désiriez quand vous avez voté le 10 décembre ?

Savez-vous, en réalité, quel est le crime de ces pauvres Romains contre lesquels nous envoyons aujourd'hui nos soldats ? Ils nous ont copiés ; voici l'histoire :

Le pape ne les gouvernait pas à leur gré comme roi de Rome ; il leur refusait certaines choses qu'ils demandaient : par exemple, la guerre contre l'Autriche, sous prétexte, disaitir alors, qu'il ne fallait pas verser le sang de soldats catholiques ; les exigences devenant plus pressantes, parce que les ministres de Sa Sainteté ne plaisaient point, voilà notre Saint-Père qui part sans tambour ni trompette, et lance de Gaëte, où il se retire, l'anathème sur ses anciens sujets, sous prétexte qu'ils le persécutent.

Il faut aviser à une telle situation : les Romains forment un gouvernement provisoire, et le *suffrage universel* leur amène une assemblée qui proclame la République, et décide que le pape sera toujours bien reçu à Rome, dans son ancien palais, s'il veut y revenir comme chef de l'Église.

Voilà tout le crime des Romains : ils ont la République tout comme nous, et ils se déclarent enchantés de recevoir le pape comme chef religieux s'il veut revenir au milieu d'eux; ils lui offrent même de bons frais de représentation. Le pape, lui, entouré là-bas d'une foule de moines ou de mauvais cardinaux, ne veut point être pape à Rome sans y être en même temps roi, sans unir le *temporel* au *spirituel;* comprenez-vous l'entêtement ?

C'est à peu près comme si l'on voulait aujourd'hui, chez nous, vous faire un *maire* de votre *curé*. Et je vous demande un peu ce que nos soldats peuvent aller faire dans une pareille querelle.

Arrivons maintenant à la *rue de Poitiers*, car vous vous ennuyez. Eh bien, la *rue de Poitiers*, mes amis, c'est *un composé* de personnages qui vous paraîtraient fort drôles s'ils étaient longuement dépeints. C'est, passez-moi l'expression, une espèce de *marais* où croassent toutes les anciennes grenouilles de la royauté ; vous trouvez là, non-seulement des *légitimistes blancs* et des legitimistes ralliés, mais aussi des *orléanistes* de tout calibre, c'est-à-dire, d'anciens *conservateurs-bornes*, des *pritchardistes*, des *satisfaits*, mariés avec d'anciens *dynastiques* nuance Thiers ou Barrot; vous retrouvez là les prétendus libéraux de 1828 et les *doctrinaires* de 1839 avec M. Duvergier de Hauranne et consorts ; quelques vieux soldats, courtisans de l'Empire, viennent y recevoir les saintes huiles du très-pieux et très-catholique Montalembert, chargé de faire descendre le Saint-Esprit sur le comité. La variété est tellement complète, mes amis, qu'il me faudrait passer en revue l'histoire de nos cinquante dernières années pour vous faire ressortir le mérite d'une aussi belle collection, et l'abnégation qui a présidé au pacte d'union. C'est surtout par le *désordre* qui semble régner dans le comité, quand on en considère les membres individuellement, que l'on a été conduit à choisir la dénomination de *grand parti de l'ordre* pour couvrir tout ce monde-là.

O Saint-Acheul, voilà bien de tes coups ! Les religions sont confondues dans la rue de Poitiers : on y trouve des catholiques et des protestants à côté de pas mal de gens qui ne croient à rien ; c'est égal, tout ce monde-là veut l'intervention en faveur du pape.

Et pourquoi pas, en définitive ? le potentat de toutes les Russies est bien aujourd'hui l'un des meilleurs alliés du Saint-Père, après avoir livré tout récemment les Polonais catholiques à la torture !

L'importance de la *rue de Poitiers* a commencé lors de la malheureuse lutte de juin ; c'est elle qui, après les fatales journées, fut chargée du soin de faire une *enquête*, et Dieu sait avec quelles précautions elle écarta les noms de quelques royalistes compromis.

La *rue de Poitiers*, pendant la discussion de la Constitution, eut constamment une minorité à l'Assemblée qui protesta, soit par ses orateurs, soit par ses votes, contre les dispositions les plus démocratiques de la nouvelle charte. Elle se montra, par exemple, on ne peut plus acharnée pour obtenir une chambre des pairs ou plutôt une espèce de chambre haute à côté d'une autre assemblée.

Mais c'est surtout de l'élection pour la présidence au dix décembre que date sa véritable puissance. C'est alors surtout qu'on a affiché devant le pays la grande alliance de l'ordre. C'est qu'à cette époque, en effet, M. Molé, le *Nestor conservateur*, et M. Bugeaud, le guerrier sage-femme, étaient venus renforcer la réunion et l'inspirer de leurs conseils. Aussi est-ce avec le plus grand plaisir que depuis, notre cher président a pu festoyer tout à la fois avec l'un des juges du pauvre *Ney* et le geôlier d'une femme enceinte.

La *rue de Poitiers*, grâce à la manière dont elle a interprété votre vote du 10 décembre, a eu assez d'influence depuis lors pour faire placer partout ses créatures. D'abord le ministère a été formé à son image; c'est de son sein que sont sortis nos Falloux, nos faucher, nos Rulhières et notre *Jupiter-Barrot*, comme l'appelle le *Charivari*, tous mécontents de Février. Elle a su enfin, en pleine République, lancer à la France un manifeste pompeux et banal dans lequel, sans oser et sans pouvoir annoncer ce qu'elle veut, elle indique très-clairement ce qu'elle ne veut pas.

Ce sont les hommes de la *rue de Poitiers* qui repoussent avec acharnement toutes les économies budgétaires après avoir repoussé, d'accord avec le ministère, les deux seules réformes importantes de l'Assemblée nationale dans ces derniers temps, c'est-à-dire la réforme postale et l'impôt du sel.

Un mot maintenant des individualités pour vous édifier complétement :

MM. les gens de *l'ordre* ont cru devoir appeler dans leur comité électoral fonctionnant pour l'Assemblée *législative*, un certain nombre d'hommes que la pudeur du suffrage universel ne lui avait pas permis encore de relever ; savez-vous, par exemple, qui ils sont allés choisir ?

A côté de M. *Thiers*, e Talleyrand au petit pied, l'insulteur de toutes les infortunes, de M. Thiers l'embastilleur de Paris, l'auteur des lois de septembre, de M. Thiers le sceptique politique, le fanfaron de 1840, le petit *foutriquet* d'une illustre épée, *on a placé* un M. *Laferronays* et un M. *de Noailles*, deux agneaux sans tache à vieux parchemin de la plus fine fleur aristocratique.

A côté de MM. *Chambole*, *F. Barrot*, *Jules Lasteyrie*, les vertueux dynastiques, *on a placé* d'abord M. *de Morny*, spécimen aristocratique, le *pritchardiste* le plus *satisfait*, puisque c'est lui qui proposa l'ordre du jour des satisfaits alors que la moralité administrative de M. Duchâtel paraissait assez peu satisfaisante à beaucoup d'honnête gens ; puis l'on est allé choisir M. *d'Haussonville*, autre *pritchardiste*, pour le placer là à côté de M. *de Broglie*, son beau-père, an bassadeur de M. Guizot à Londres. L'on a craint certainement que MM. Duchâtel et Guizot ne compromissent le grand *parti de l'ordre*, car on n'avait aucune raison de ne pas leur donner aussi une place ; mais on a voulu faire ce que la *rue de Poitiers* appelle de l'habileté !

A côté de M. Berryer *le flétri* on a placé M. Debelleyme, l'auteur de l'adresse de 1839, lors de la coalition Thiers-Guizot-Berryer-Barrot contre Molé ; M. Debelleyme, en un mot, le *pritchardiste-flétrisseur.*

Ce n'est pas tout : *à côté* de M. *Montalembert* l'ultra catholique, l'ex-pair de France, insulteur de la Suisse libérale au profit du *Sunderbund*, et l'intraitable ennemi de l'université, *l'on a placé* M. *Cousin*, l'éclectique, l'un des plus grands admirateurs de l'enseignement universitaire.

Enfin, l'on a planté au milieu de cette forêt d'anciens royalistes quelques vieux arbres bonapartistes, parmi lesquels nous distinguons le sage Vieillard, ancien précepteur de M. Louis Bonaparte, et M. le général Pyat, dont votre

serviteur ne connaît que les exploits électo-
raux.

Voilà, mes bons amis, voilà, autant que l'es-
pace me le permet, un faible échantillon de la
rue de Poitiers ; voilà les hommes qui se sont
décorés du titre pompeux de grand parti de
l'*ordre* ; les connaissez-vous assez, et faut-il
vous y faire voir plus clair?

Le grand comité, pour vous recommander les
nombreux *comtes*, *ducs* et *marquis* qu'il se propose d'envoyer à la prochaine Assemblée, pos-
sède, outre une foule de petits écrits qu'il quali-
fie de contre-poison socialiste, une foule de
journaux, parmi lesquels je vous signalerai :

Le *Constitutionnel*, existant uniquement pour
et par la personne de M. Thiers ;

Le *Journal des Débats*, ancien organe du ministère Guizot ;

L'*Assemblée nationale*, créée après février, et
qui ne se recommande que par ses insultes vio-
lentes à la République et aux républicains ;

L'*Union*, autrefois *monarchique*, qui n'a pas

cessé de l'être, mais qui ne veut plus le dire, organe des légitimistes, nuance Berryer ;

L'*Événement*, que je n'ai jamais compris parfaitement, sans doute parce qu'il est rédigé par des feuilletonistes et des penseurs ;

L'*Opinion publique*, qui ne traduit en réalité que l'opinion de ses amis les légitimistes ;

Le *Pays*, s'intitulant l'organe des volontés de la France, sans avoir la moindre idée de ces volontés ;

Le *Dix décembre*, feuille bonapartiste de nouvelle création, n'ayant jusqu'ici d'autre recommandation que sa qualité de *Journal* de l'Ordre ; vous savez ce que cela veut dire ;

Enfin la *Patrie*, journal du banquier Delamare, chargée de propager chaque soir une foule de fausses nouvelles pour vous faire détester les socialistes et les républicains.

Je ne vous parlerai que pour mémoire du *Corsaire*, du *Courrier français* et de la *Gazette des Tribunaux*.

Ce que je veux vous recommander seulement, à propos de ces diverses feuilles, c'est de les tenir, si elles vous tombent sous la main, pour

très-suspectes à l'endroit des candidats qu'elles recommanderont pour les prochaines élections.

J'ai fini, mes amis ; je vous avais promis de
ne point employer vis-à-vis de nos adversaires
l'arme de la calomnie : j'ai tenu ma promesse.
Il est bien des petites turpitudes monarchiques
que je ne vous ai point dévoilées ; j'ai cherché
seulement à vous faire voir des *hommes de coalition*, vêtus de leur défroque monarchique du
passé, s'unissant avec des prétentions qu'ils n'o-
sent encore avouer, mais qui ne sont douteuses
pour personne ; des prétendus hommes d'Etat
de toute couleur, enchaînés par leurs antécé-
dents, voulant se rapprocher momentanément
dans un même but, sauf à s'entre-déchirer ensuite aux dépens de notre malheureuse patrie ;
des ambitieux se faisant humbles quand gronde
l'orage révolutionnaire, pour attaquer ensuite
jésuitiquement la République, dernier mot des
sociétés modernes ; des hommes, en un mot,
obligés de rendre, à la face de tous, hommage
à la force du principe républicain, mais entraî-
nés par leur situation, leurs instincts, leur in-

térêt ou leur ambition à s'opposer à son application ; subissant le mouvement démocratique, mais voulant obtenir encore quelques années de monarchie au moyen des obstacles créés à la République et propres à tromper le pays sur la cause de son mal, en attendant qu'une guerre intestine et de derniers malheurs viennent faire voir aux moins éclairés que notre belle France ne peut plus être désormais l'apanage des royautés, quelle que soit leur couleur, ou plutôt en attendant les cinquante années avant l'expiration desquelles, suivant votre grand prophète de *Sainte-Hélène*, l'Europe doit être devenue *cosaque* ou *républicaine*.

Quant à moi, hommes de cœur auxquels ceci s'adresse, j'ai voulu remplir à tout prix, vis-à-vis de vous, le premier devoir de tout bon citoyen ; je l'ai voulu, pour éviter à la patrie, dans la limite de mes forces, de nouveaux malheurs, vers lesquels les enragés de la monarchie semblent vouloir nous précipiter ; si je parviens à ramener, par les dangers que j'aurai signalés, quelques hommes honnêtes, effrayés ou peut-être ébranlés dans leur foi nouvelle par

calomnies auxquelles la plupart des républicains sont en butte, je me sentirai très-en-
couragé à faire pénétrer, par des travaux plus
sérieux, la foi républicaine dans l'esprit de mes
concitoyens ; mais, quoi qu'il arrive, je vous pro-
mets de me trouver des premiers à mon poste
le jour où la République pourrait courir des
dangers.

Si dans le cours de ce petit livre j'ai dû qua-
lifier quelques-uns de nos grands *monarchiens*
assez durement, c'est que les hommes de cœur
les plus résignés finissent par s'indigner de la
tactique de leurs adversaires, quand cette tactique devient infâme en répandant à pleines
mains, au moyen d'*écrivains* ou de courtiers
soudoyés, le *poison de la calomnie* dans nos
malheureuses campagnes, à ce point, que l'on
doute aujourd'hui de l'honneur et de la probité
de citoyens dont la longue carrière politique
n'est qu'un mélange d'abnégation et de dévoue-
ment.

Il faut le dire ici bien haut, parce qu'il s'agit
de l'intérêt de tous les partis : lorsqu'on tue ses
adversaires avec de pareilles armes, on marche

peut-être sans le savoir à d'effroyables malheurs.

Voyez donc clairement, *hommes du suffrage
universel,* si vous placez votre patrie au-dessus
de l'*intérêt des rois,* la situation qui vous est
faite.

Vous avez en ce moment, en face de vous,
d'un côté la coalition monstrueuse et effrénée
de *trois* ou *quatre monarchies,* repoussées déjà
par la France, entre lesquelles existent des ferments de haine qui se feraient bientôt jour, si
la coalition triomphait un instant.

D'un autre côté, vous avez des hommes de
cœur plus ou moins ardents, ayant accepté
courageusement la difficile tâche, d'abord de
payer les dettes des monarchiens et de couvrir
leurs dilapidations au milieu d'une crise commerciale des plus désastreuses, dès longtemps
prévue ; des républicains pleins de foi n'ayant
pas reculé devant la difficulté de décréter la
forme républicaine, et de la faire sanctionner par
le *suffrage universel,* en même temps qu'ils dé-
crétaient l'abolition de la peine de mort en matière politique, c'est-à-dire contre des adver-

saires qui se réservaient de les traiter un jour devant leurs concitoyens les moins éclairés, comme des voleurs sortis de la forêt de Bondy !

Serez-vous embarrassés pour faire votre choix ? mettez-vous la main sur la conscience et répondez ?

Comme je les confondrais ces calomniateurs de la République, si je les rencontrais devant vous !

Rappelez-vous, mes amis, la révolution de février ! Rappelez-vous à Paris seulement cent cinquante mille ouvriers sans travail.

Rappelez-vous deux cent millions à peine dans les coffres de la monarchie pour payer une dette de *huit cents millions.*

Rappelez-vous nos capitalistes et nos peureux retirant, les uns par spéculation, les autres sans intention coupable, leur argent de la circulation et venant aggraver ainsi les dangers d'une crise déjà trop affreuse.

Rappelez-vous tout cela, et vous vous demanderez s'il faut bien imputer à la République, qui n'a fait qu'accepter une semblable situation, tous les malheurs et toutes les souffrances dont on lui fait maintenant un crime à vos yeux.

Persuadez-vous une bonne fois que la monarchie n'est plus compatible avec nos idées modernes, et que les républicains sont assez nombreux et assez énergiques au besoin pour la renverser chaque fois qu'elle viendrait, comptant trop sur l'aveuglement des campagnes qui croient encore à la nécessité des princes, escortée d'un *Henri V*, d'un *d'Orléans* ou d'un *Bonaparte*, s'implanter sur notre sol de liberté aux dépens de la nation qui ne peut désormais aliéner sa souveraineté.

Quand vous aurez réfléchi à tout ce que je viens de vous dire, demandez-vous si le candidat qui se présentera à vos suffrages est véritablement et *sincèrement républicain*, s'il veut bien le maintien de la République et le respect de la Constitution; faites-lui dire tout cela très-haut; ne le chicanez pas trop sur sa nuance quant au point de savoir s'il est *socialiste* ou non, il n'est pas un homme de cœur, sans distinction de parti, qui ne le soit un peu; assurez-vous seulement qu'il est *démocrate*, et après avoir voté pour cet homme-là, retournez chez vous, dans votre famille, la conscience tranquille, car vous aurez contribué à sauver le pays de la *guerre civile.*

Ayez soin surtout de regarder si l'homme qu'on vous présente est affilié au fameux *comité de la rue de Poitiers* : là est le danger. Vous trouverez, si vous le voulez, toujours assez d'honnêtes gens pour vous renseigner sur ce point.

Gardez-vous surtout des candidats qui vous diraient simplement qu'ils veulent l'*ordre*; c'est un mot avec lequel on espère attraper les niais.

Ma tâche est remplie, mes amis, à vous de remplir la vôtre; si vous n'agissez pas comme je vous le recommande, outre que vous serez ingrats envers la République, qui vous a émancipés, vous vous montrerez *aveugles* pour l'avenir, et vous aurez probablement le triste avantage de précipiter votre pays vers la guerre civile, source de tous les maux pour une nation.

Quant à moi, l'on m'a déjà prévenu que ce petit livre me ferait des ennemis; que m'importe, si ma conscience est tranquille! Pourquoi ne vous aurais-je pas dit avec une entière franchise que si, dans les prochaines élections, vous alliez au scrutin avec l'intention de vous venger contre la République de vos souffrances de quelques mois, vous manqueriez complétement votre but, puisque vous seriez comme l'enfant frappant le meuble contre lequel il s'est blessé, parce qu'il croit ce meuble coupable.

Puisse, du reste, votre sagesse, lors du scrutin, anéantir mes funestes prévisions.

A. LEPLIEUX.

www.ingramcontent.com/pod-product-compliance
Lightning Source LLC
Chambersburg PA
CBHW051142050726
47594CB00003B/1206